MW01630041

Petits messages

au point de croix

de Anne Van Damme

pour Vincent

Conception graphique : Thierry Laurent
Mise en pages : Gersende Hurpy

© Éditions Mango Pratique
www.editions-mango.com
Dépôt légal : septembre 2004
ISBN : 2 84270 469-X
Imprimé en France par PPO Graphic, 93500 Pantin

Petits messages au point de croix

de Anne Van Damme

Textes de Caroline de Hugo
Photographie de Frédéric Lucano

MANGO PRATIQUE

Anne Van Damme,
ou l'art de broder
les mots de la vie

Pourquoi décide-t-on un jour de déposer sur la toile le souvenir des moments de sa vie ? Que cherche-t-on dans ce travail minutieux et répétitif du point de croix ? À arrêter le temps, à faire œuvre d'éternité ? Ou simplement éprouve-t-on du plaisir à sentir entre ses mains le tombé si particulier de la toile de lin, à humer l'odeur un tantinet acre de l'après, à voir comme par magie apparaître au ralenti les motifs et les mots qu'on avait imaginés, comme sous le pinceau d'un peintre ? À ces questions, le travail d'Anne Van Damme répond comme une évidence : l'art du dessin, des couleurs, et le jeu des combinatoires lui permettent de faire œuvre de création textile. Voilà toute la démarche de cette ancienne styliste, formée à la rude école des cahiers de tendance et du prêt-à-porter en linge de maison. De ces années d'apprentissage, Anne van Damme a retenu l'essentiel : la rigueur nécessaire à toute recherche, alliée à une vraie fantaisie et beaucoup de générosité. Le reste, l'écume, elle l'a depuis longtemps laissé de côté, trop contente de pouvoir travailler une broderie qui lui ressemble, sans devoir rendre des comptes à quiconque, hormis à ses clientes qui, elles, en redemandent.

Des mots tout comme des

La maison du bonheur

Sur la toile de lin unie qui s'offre à tous les possibles, sur les rubans et les ganses de mercerie qu'elle collectionne, Anne aime à tracer des mots. Des mots tout simples, comme des trésors d'amour, inspirés par ses trois petits diables blonds et l'homme de sa vie. Pour eux, elle a abandonné Anvers et sa boutique de point de croix «Keeping Tradition» il y a quelques temps déjà, sans regrets ni remords. En pleine campagne, elle et son mari ont bâti une maison de contes de fées. Les arbres plantés par Anne et Vincent dressent une muraille de verdure entre leur monde familier et le monde extérieur. Dans cette arche de Noé remplie de rires et d'animaux, les poules pondent leurs trois œufs quotidiens, un pour Léon, un pour Mathilde et un pour Jeanne. Les enfants jouent dans leur roulotte. Les moutons «à tête de chien» paissent dans le pré. Les massifs de rhododendrons rosissent, les rosiers à l'ancienne exhalent tout leur parfum. Pineau, le vieux labrador, et Carlos, le chat noir, se chamaillent au bout de «l'impasse des grognons», au fond du jardin.

Des messages d'amour

Anne est l'âme de cette maison. Dans son atelier perché sous les toits, elle n'a de cesse d'enjoliver le quotidien de ceux qu'elle aime. Pour ce faire, elle nomme les choses et les sentiments. Grâce au point arrière et au point de croix qu'elle maîtrise si parfaitement, elle calligraphie ses sentiments et écrit des messages, qu'elle destine à son mari ou à ses amis les plus proches. Pour chaque anniversaire, cette maman-fée brode sur du lin une lettre à ses enfants, qui reprend un événement de l'année

simples, trésors d'amour

écoulée. Joueuse, elle truffe ses abécédaires de messages secrets : des bateaux en partance, des trèfles à quatre feuilles, des fers à cheval, des 7, chiffre porte-bonheur. Elle s'amuse à combiner des rébus qui marient clés et pensées, cœur et amour.

Pour chaque occasion, la jeune femme sensible trouve le mot juste : une naissance, un mariage, un examen... elle aime par-dessus tout ce temps suspendu qui permet, quand on brode en pensant à quelqu'un, d'être en harmonie avec le monde. Sur chaque objet usuel, comme une peintre en lettres, elle compose un mode d'emploi personnel plein de drôlerie en caractères bâtons, ses préférés. Sous ses doigts, par la magie de l'écriture, les torchons ne se prennent plus pour des serviettes, et les essuie-mains assument crânement leur rôle ! Quant aux clés, elles se rangent sagement autour de leur porte-clés brodé...

On dirait le Sud, le temps dure longtemps...

Parfois, dans son paradis flamand, Anne Van Damme se prend à rêver d'horizons lointains. Après ces années passées à broder un avenir pour ses enfants, cette belle volontaire découvre la joie de vivre le présent pleinement. Des envies de soleil et de Méditerranée, le besoin d'explorer de nouvelles techniques la poussent vers d'autres aventures artistiques. Après ses études sur l'imprimé, l'effet tissé, la transparence et la dentelle*, et son travail sur les lettres d'imprimerie au point de croix, gageons que quel que soit le chemin que Anne Van Damme empruntera, il sera pavé de bien jolis projets !

** Rassemblées dans le Cahier du créateur « Dentelles et rubans », paru en 2003.*

Torchons

TORCHONS
No.8853
No.8854
No.8855
No.8856
No.8857
No.8858
No.8859
No.8860
No.8861
No.8862
No.8863
No.8864

Ce projet a été brodé avec 2 fils
sur 2 fils de trame, sur du lin
naturel 11 fils/cm.

Le point arrière a été brodé
avec 2 fils.

Les numéros sous les échantillons
ont été brodés en 498.
Le point arrière des échantillons
n° 8853, 8854, 8857, 8860
(lignes 3, 5, 6, 9, 11 et 12) ont été
brodés en 304.
Le point arrière des échantillons
n° 8855 et 8860 (lignes 1, 4, 7
et 10) ont été brodés en 815.
Le point arrière des échantillons
n° 8856 (lignes 1, 3 et 5), 8859,
8863, 8864 ont été brodés en 498.
Le point arrière de l'échantillon
n° 8858 a été brodé en 3865.
Le point arrière des échantillons
n° 8856 (lignes 2 et 4), 8860 (lignes
2 et 8) ont été brodés en 642.

Torchons

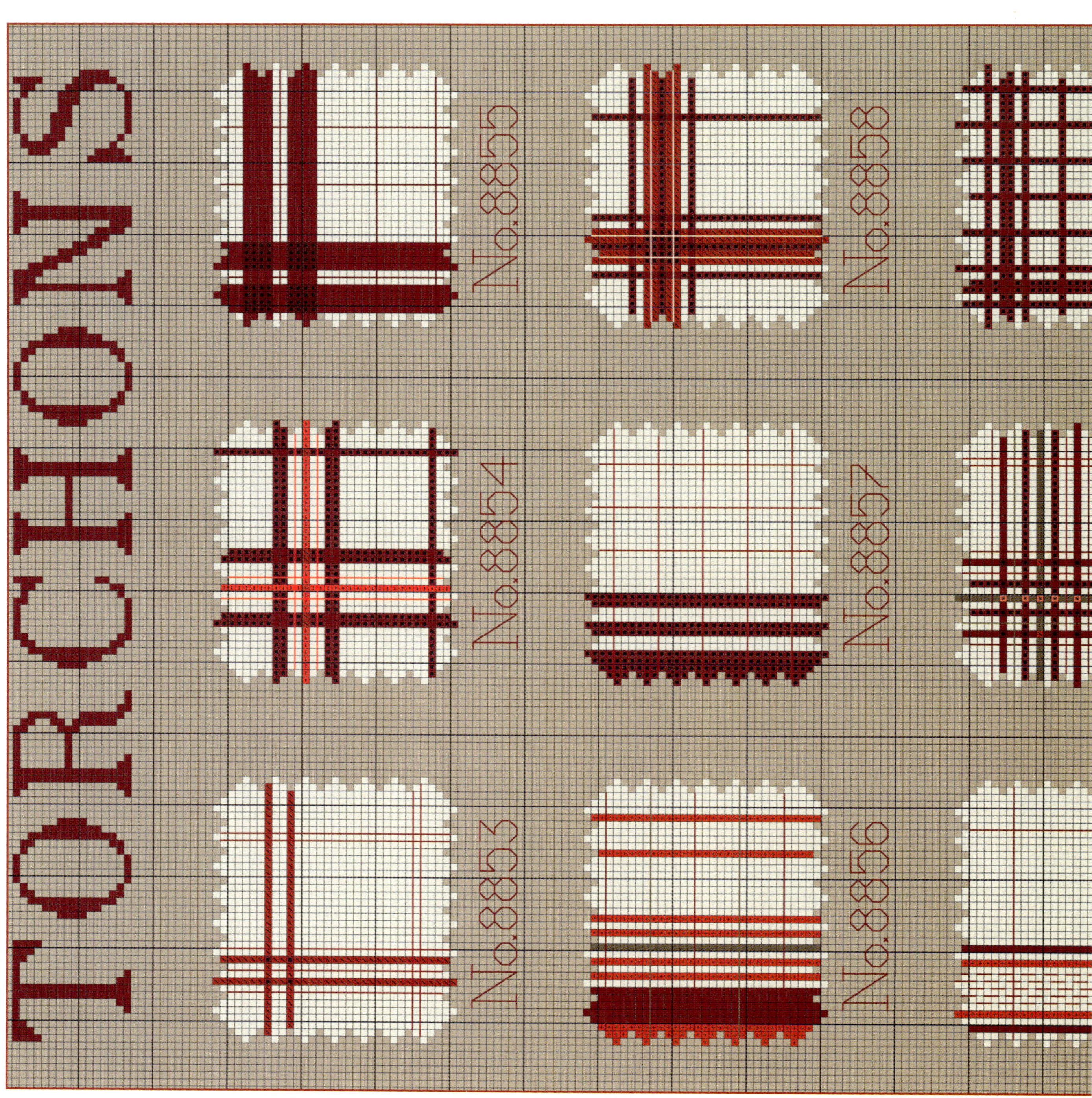

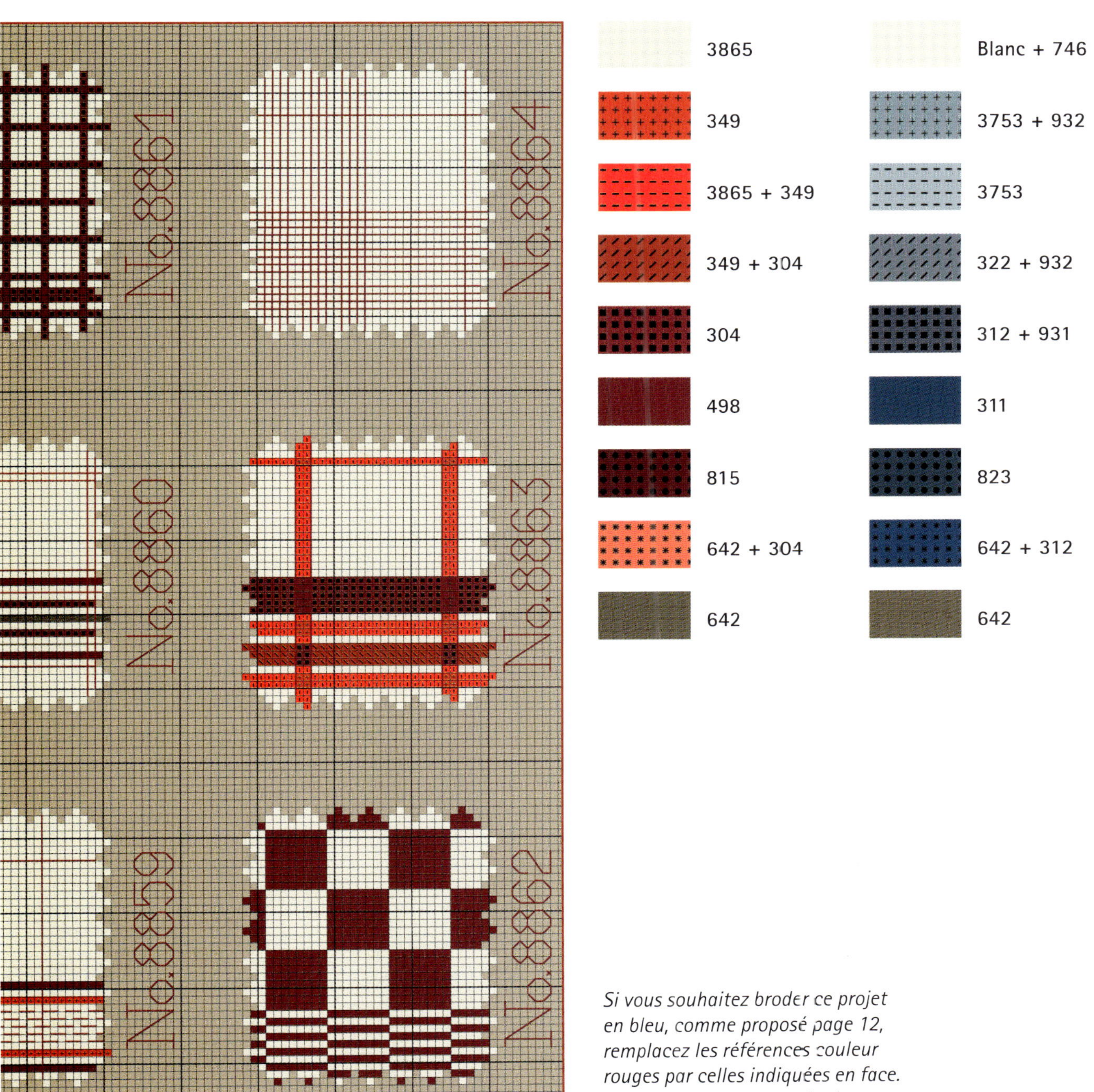

3865		Blanc + 746
349		3753 + 932
3865 + 349		3753
349 + 304		322 + 932
304		312 + 931
498		311
815		823
642 + 304		642 + 312
642		642

*Si vous souhaitez broder ce projet
en bleu, comme proposé page 12,
remplacez les références couleur
rouges par celles indiquées en face.
Ainsi, le 3865 sera remplacé par
1 brin blanc et 1 brin 746*

Torchons

*Comme Anne, amusez-vous
à créer de nouvelles gammes.
Voici le projet " Torchons " brodé
en bleu...*

*Les numéros sous les échantillons
ont été brodés en 311.
Le point arrière des échantillons
n° 8853, 8854, 8857, 8860
(lignes 3, 5, 6, 9, 11 et 12)
ont été brodés avec 1 brin 312
et 1 brin 931.
Le point arrière des échantillons
n° 8855 et 8860 (lignes 1, 4, 7
et 10) ont été brodés en 823.
Le point arrière des échantillons
n° 8856 (lignes 1, 3 et 5), 8859,
8863, 8864 ont été brodés en 311.
Le point arrière de l'échantillon
n° 8858 a été brodés avec 1 brin
blanc et 1 brin 746.
Le point arrière des échantillons
n° 8856 (lignes 2 et 4), 8860 (lignes
2 et 8) ont été brodés en 642.*

Ces trois petits rubans ont été
brodés avec 1 fil sur 1 fil de trame,
sur du ruban en lin naturel
11 fils/cm de 2 cm de large.

Le point arrière a été brodé
avec 1 fil.

Les lettres sont extraites
du dernier abécédaire présenté
page 62.

Jusqu'au bout du raffinement...
Utilisez ces petits rubans pour
accrocher vos torchons, tout
en délivrant un petit message
en « clin d'œil ».

498

À table !

Ce projet a été brodé avec 2 fils sur 2 fils de trame, sur du lin naturel 11 fils/cm.

Le point arrière a été brodé avec 1 fil.

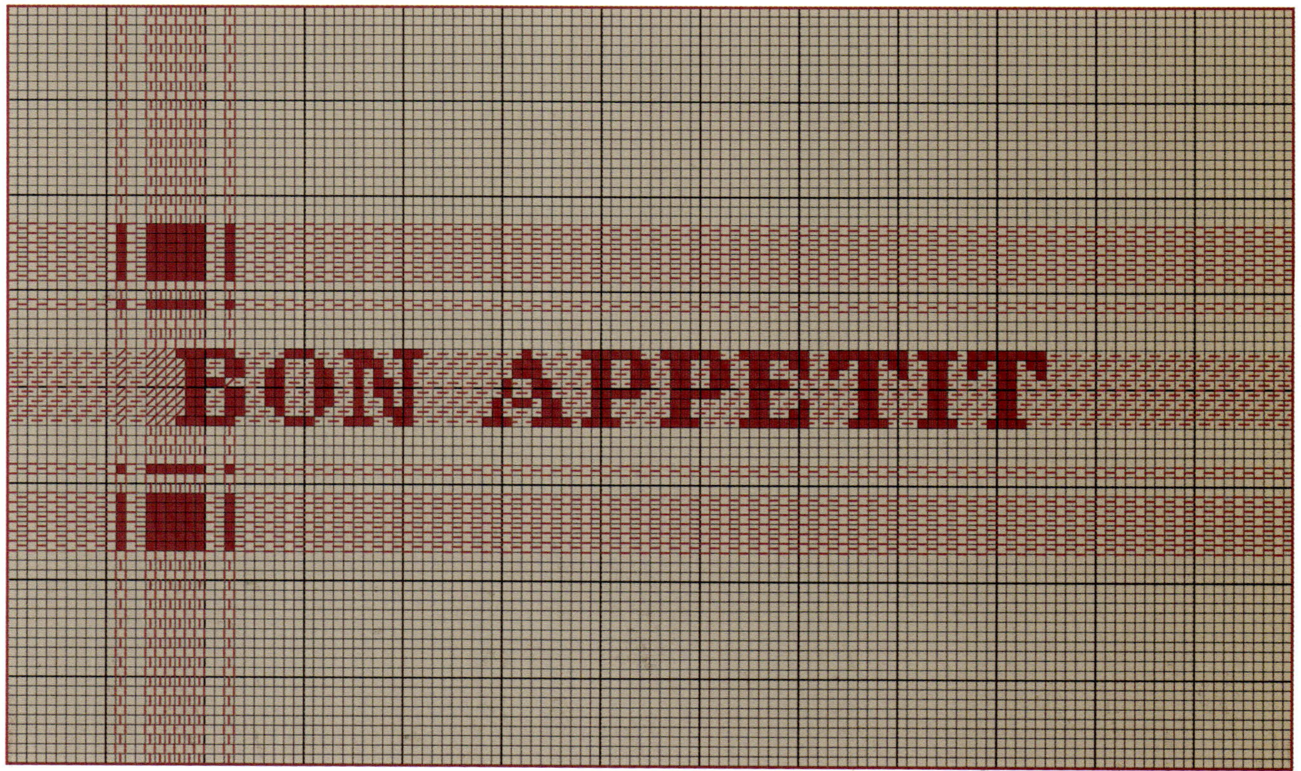

304

Cette broderie a été
réalisée avec 1 fil sur
1 fil de trame, sur du
lin naturel 11 fils/cm.

Les lettres sont
extraites des deux
premiers abécédaires
présentés page 63.

304

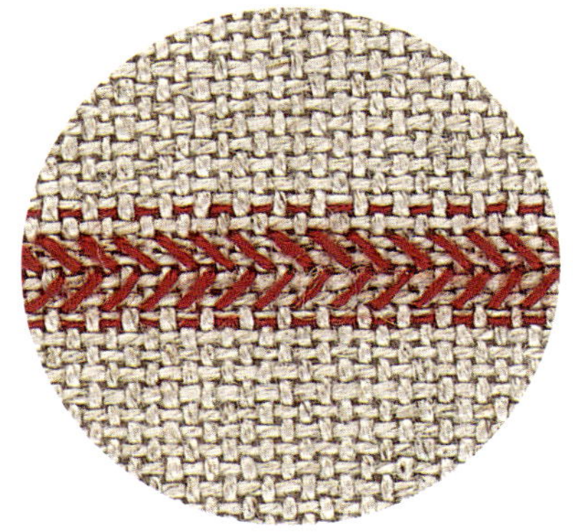

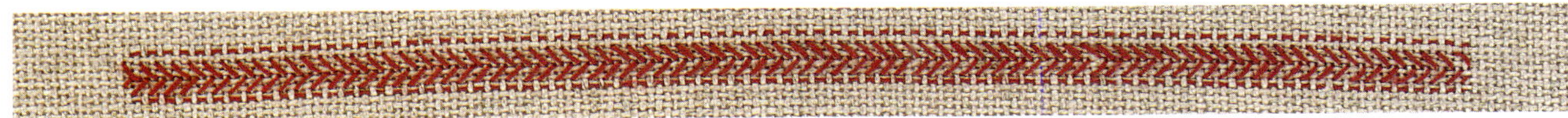

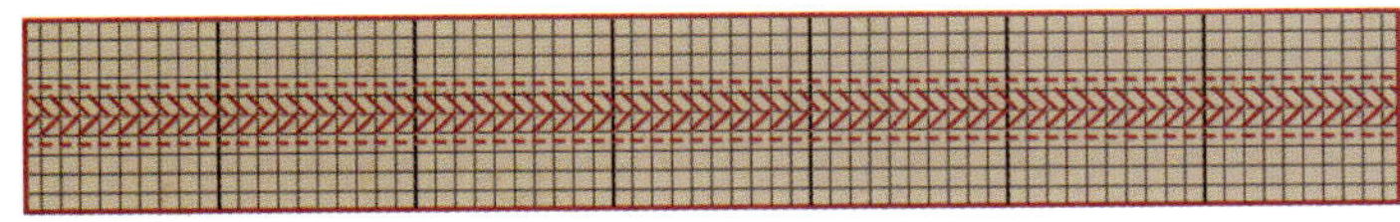

304

Cette frise a été brodée en point
arrière avec 1 fil, sur du lin naturel
11 fils/cm. Elle peut être utilisée
comme les rubans de la page 13.

À table !

Ce projet a été brodé avec 2 fils
sur 2 fils de trame, sur du lin
naturel 11 fils/cm. Sauf pour le
texte qui a été brodé avec 1 fil
sur 1 fil de trame.

Le point arrière a été brodé
avec 1 fil sur 2 fils de trame.

Les lettres sont extraites des deux
premiers abécédaires présentés
page 63.

Amusez-vous à personnaliser vos
carnets de recettes en changeant
le texte. Vous pouvez par exemple
remplacer « Secrets de Cuisine »
par « Recettes de Chef », présenté
page 15.

	blanc
	304
	402
	301
	368
	367
	613
	839
	318
	317

Petit souvenir...

Ces projets ont été brodés
avec 2 fils sur 2 fils de trame,
sur un ruban en lin naturel
11 fils/cm de 17 cm de large.

Le point arrière a été brodé
avec 2 fils sur 2 fils de trame,
sauf les fonds, qui ont été brodés
avec 1 fil sur 2 fils de trame.

Les lettres sont extraites des
premier, quatrième et cinquième
abécédaires présentés page 62.

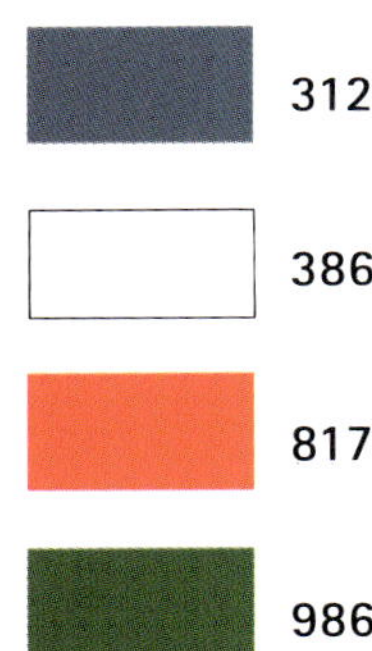

312

3865

817

986

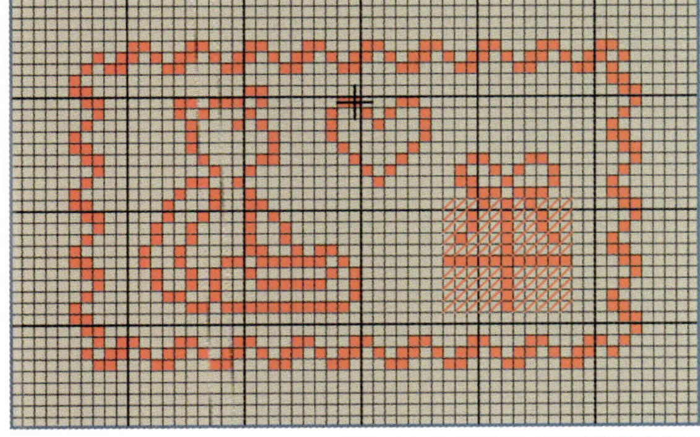

*Créez ces jolis protèges-carnets
pour immortaliser les événements
importants de votre vie.*

*Pour les personnaliser
il vous suffit de changer le dessin et
la date. Pour vous aider, nous avons
représenté le milieu de la broderie
finie par une croix.*

Bonjour

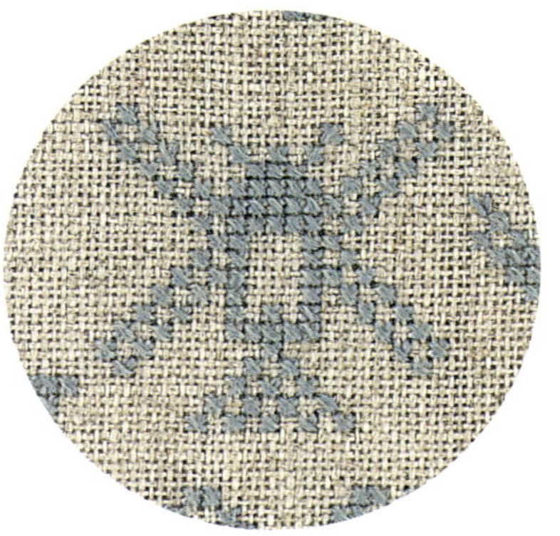

*Ce projet a été brodé avec 2 fils
(1 fil 926 et 1 fil 931) sur 2 fils de
trame, sur du lin naturel 12 fils/cm.*

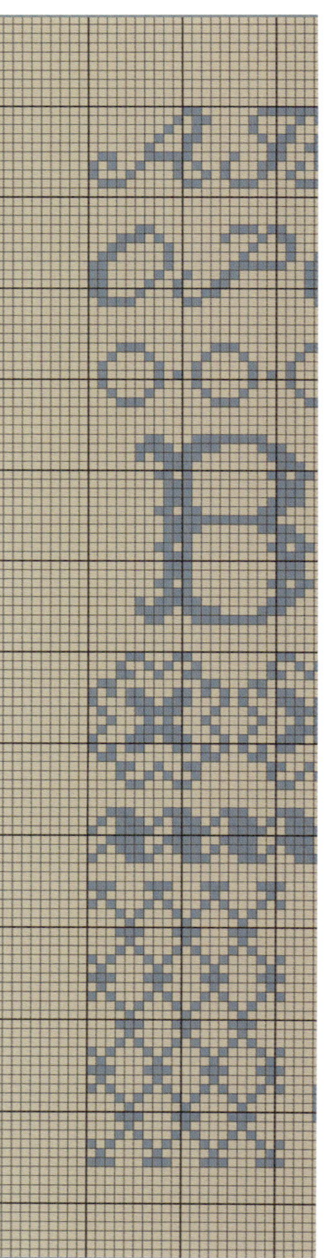

 926 + 931

Bon anniversaire

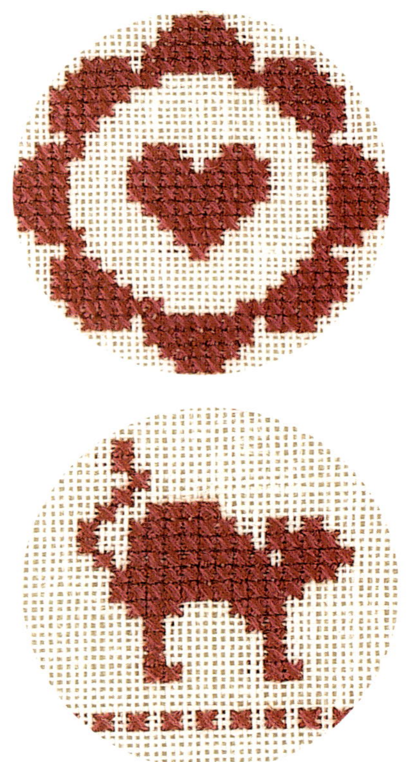

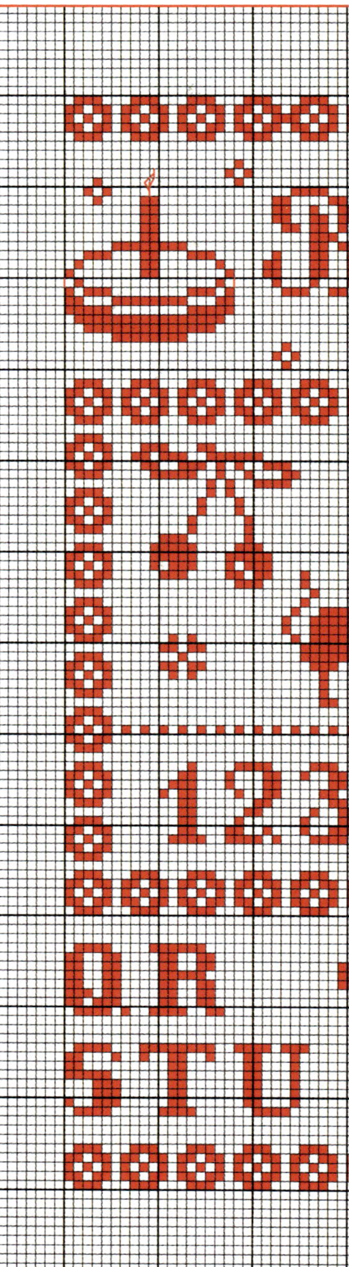

Ce projet a été brodé avec 2 fils
(1 fil 817 et 1 fil 309) sur 2 fils de
trame, sur du lin blanc 12 fils/cm.

Le point arrière a été brodé avec
2 fils.

817 + 309

Je pense à toi

Ce projet a été brodé avec 2 fils sur
2 fils de trame, sur du lin naturel
12 fils/cm.

écru

Le bonheur, c'est...

Ce projet a été brodé avec 2 fils (1 fil 602 et 1 fil 3733) sur 2 fils de trame, sur du lin blanc 11 fils/cm.

Les lettres sont extraites des premier et troisième abécédaires présentés page 62.

ur, c'est d'avoir
fille comme toi !

Le bonheur, c'est...

 602 + 3733

Merci, tout simplement

*Ce projet a été brodé avec 2 fils sur
2 fils de trame, sur du lin naturel
12 fils/cm.*

*Le point arrière a été brodé avec
1 fil sur 2 fils de trame.*

3865

Je t'aime

Ce projet a été brodé avec 2 fils
sur 2 fils de trame (sauf «je t'aime»,
«(P)our» et «(T)oujours» qui ont été
brodés avec 1 fil sur 1 fil de trame),
sur du lin naturel 12 fils/cm.

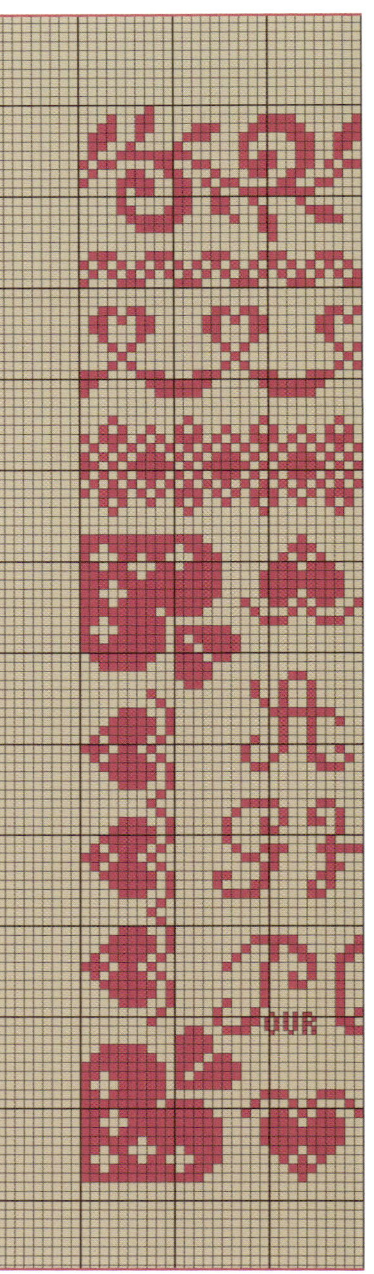

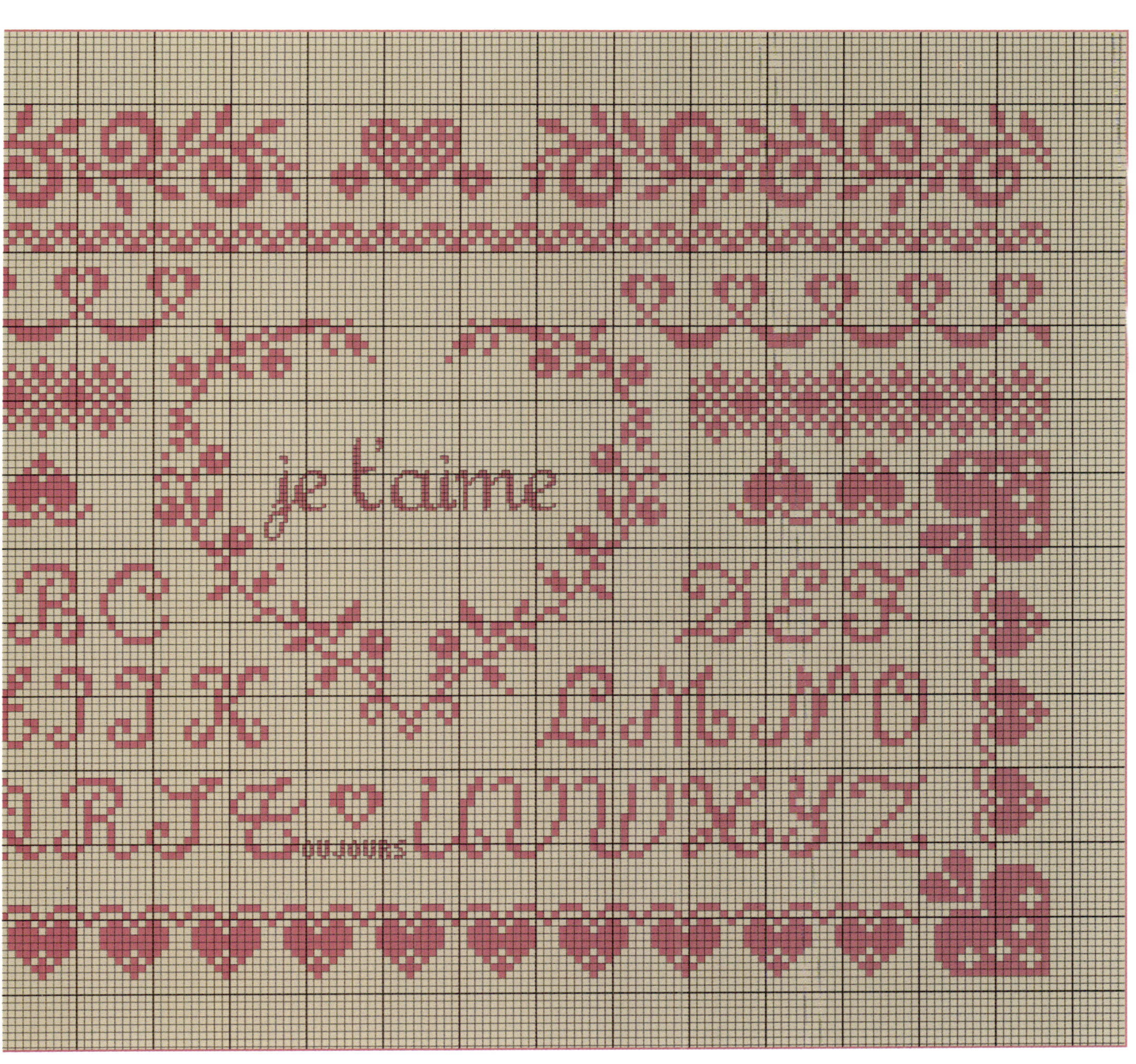

150

Bienvenue bébé

*Ce projet a été brodé avec 2 fils
sur 2 fils de trame, sur du lin
naturel 12 fils/cm.*

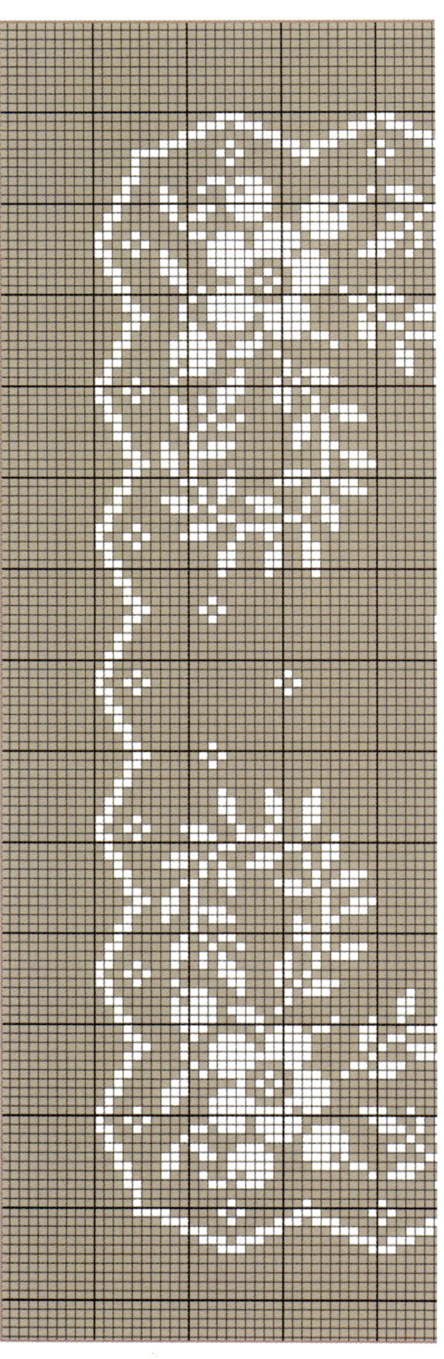

B5200

Après la pluie...

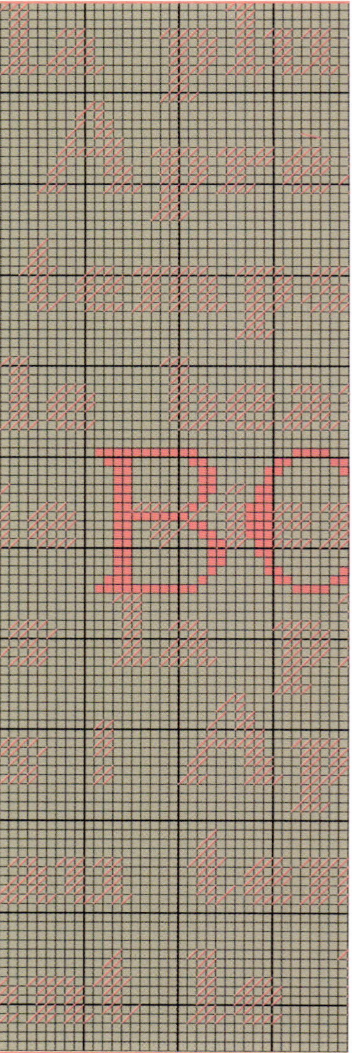

Ce projet a été brodé avec 2 fils
sur 2 fils de trame, sur du lin
naturel 11 fils/cm.

Le point arrière a été brodé
avec 1 fil sur 2 fils de trame,
sauf l'accent du « è » qui a été
brodé avec 1 fil sur 3 fils de trame.

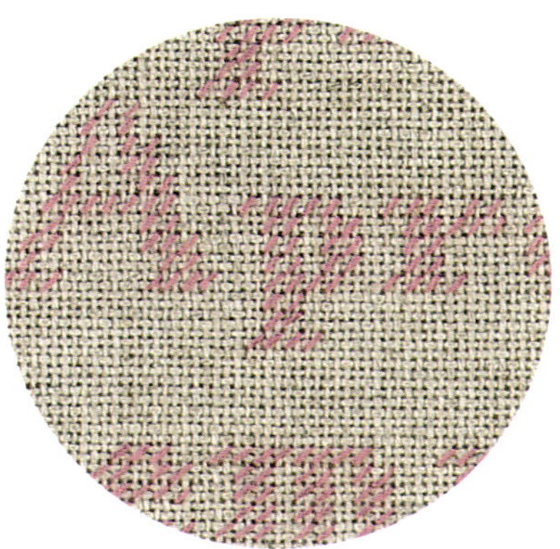

602

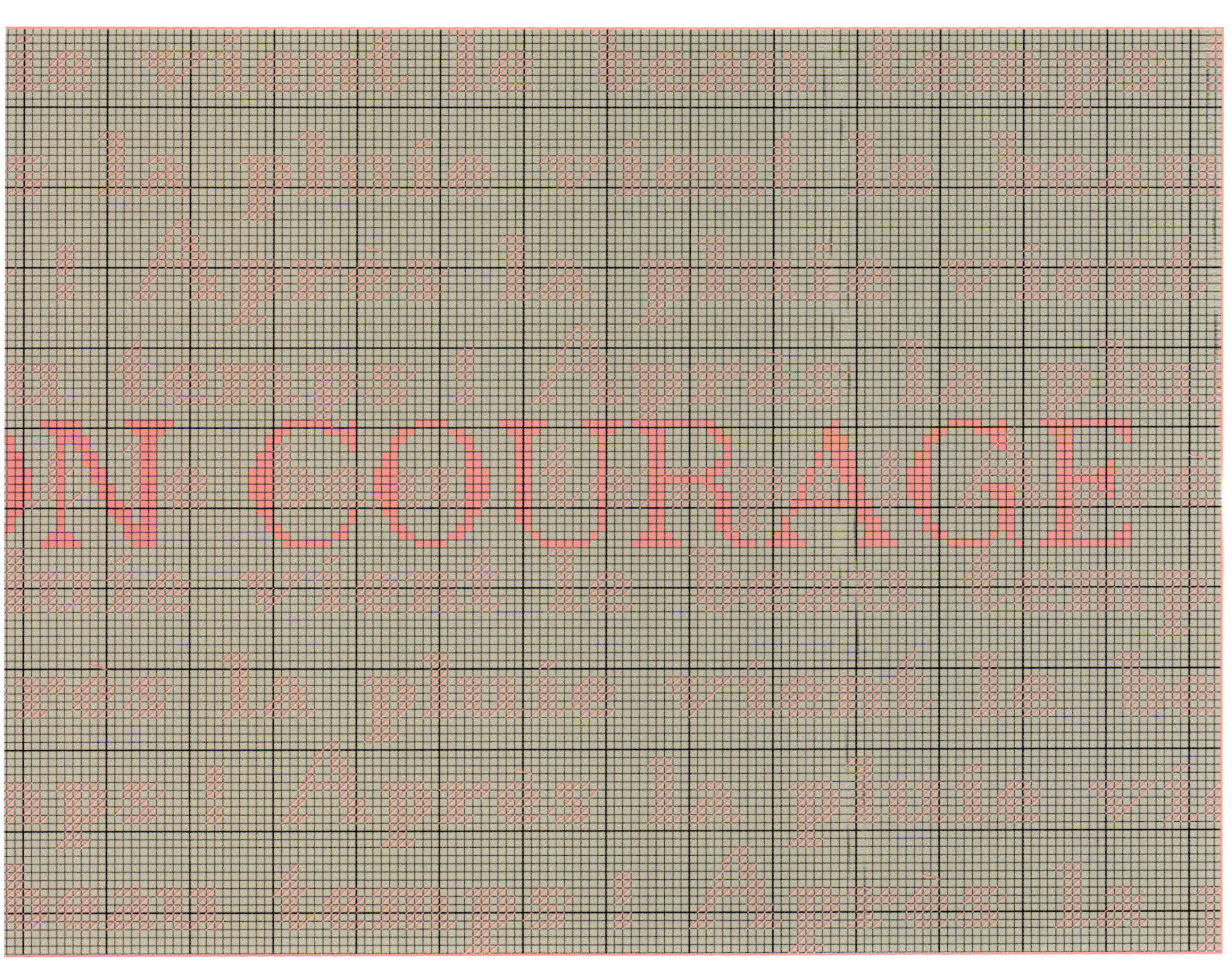

Merci de tout cœur

Ce projet a été brodé avec 2 fils sur 2 fils de trame, sur du lin naturel 11 fils/cm.

Le point arrière a été brodé avec 1 fil sur 2 fils de trame, sauf la bordure du haut ou certains points qui ont été brodés avec 1 fil sur 1 fil de trame.

Les lettres sont extraites des premier et troisième abécédaires présentés page 62.

807

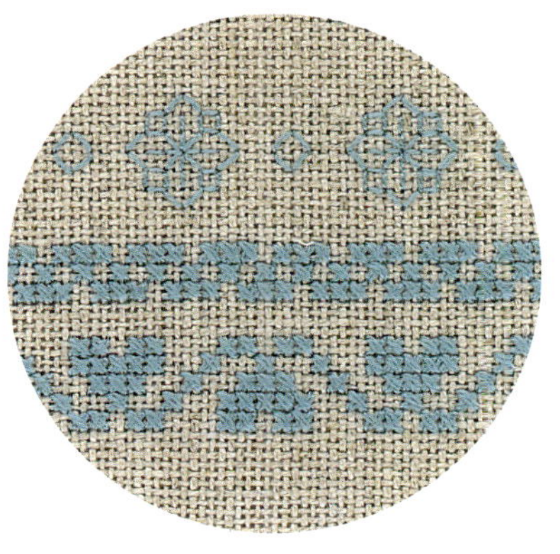

Meilleurs vœux

Ce projet a été brodé avec 2 fils (1 fil 3685 et 1 fil 3803) sur 2 fils de trame, sur du lin naturel 12 fils/cm.

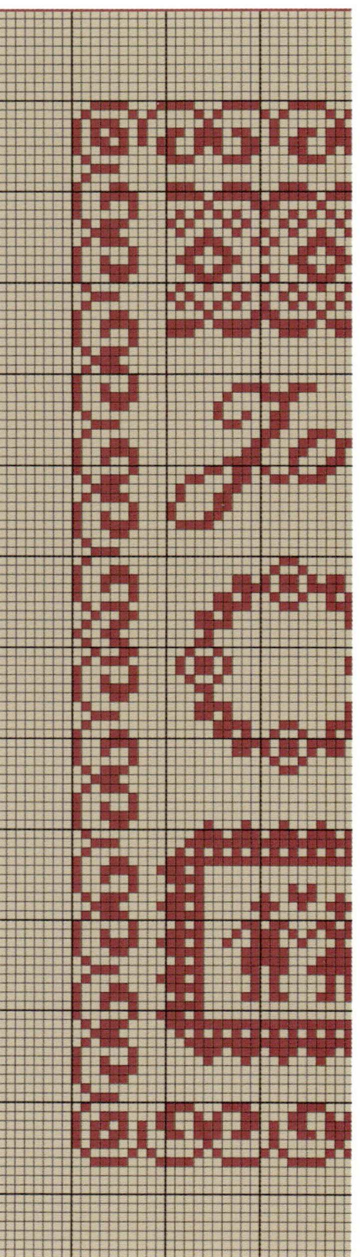

▮ 3685 + 3803

Joyeux Noël

Ce projet a été brodé avec 2 fils sur 2 fils de trame (sauf « Joyeux Noël » qui a été brodé avec 1 fil sur 1 fil de trame), sur du lin naturel 12 fils/cm.

Joyeux Noël

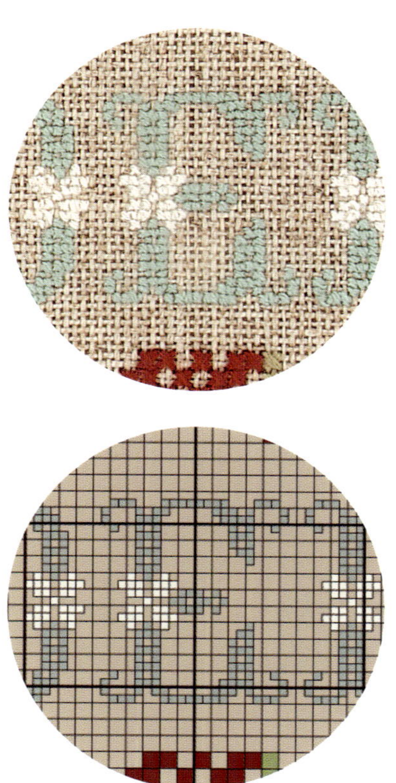

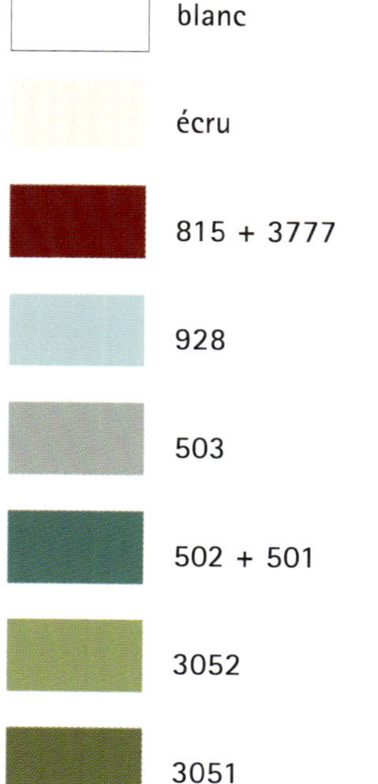

blanc	
écru	
815 + 3777	
928	
503	
502 + 501	
3052	
3051	

Bonne chance

*Ce projet a été brodé avec 2 fils
(1 fil 3765 et 1 fil 3768) sur 2 fils de
trame, sur du lin naturel 12 fils/cm.*

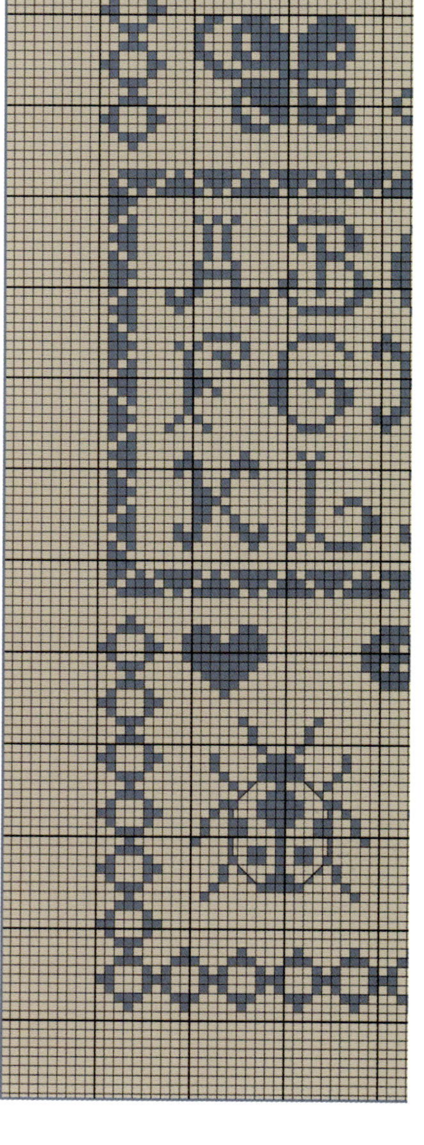

 3765 + 3768

Vœux de bonheur

*Ces projets ont été brodés avec
2 fils sur 2 fils de trame, sur du lin
naturel 12 fils/cm.*

*Le point arrière a été brodé avec
1 fil sur 2 fils de trame.*

Que ce
t'apporte
la joie

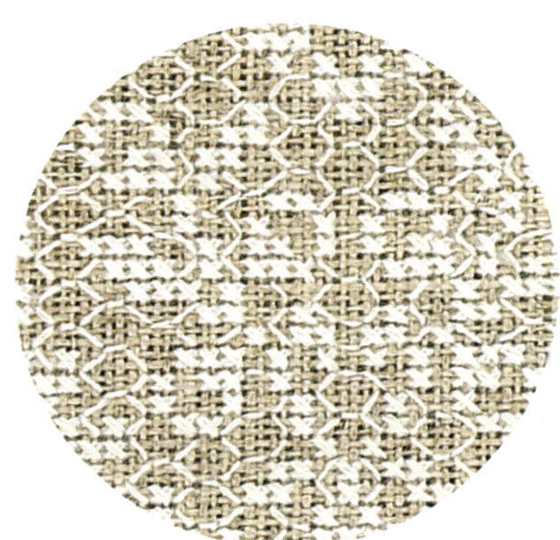

Que ce
te
porte
bonheur

Vœux de bonheur

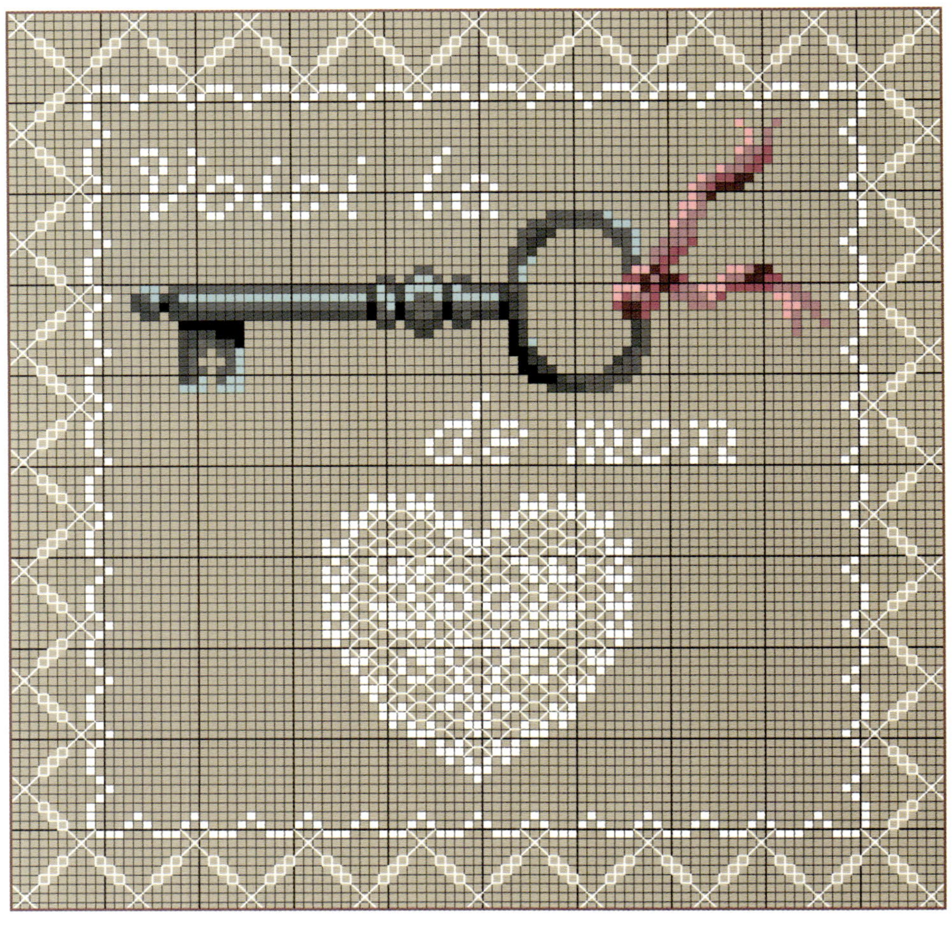

blanc	
225 + 3727	
3727 + 3688	
3687	
3802	
928	
3364	
3363	
935	
318	
317 + 3768	
3799	

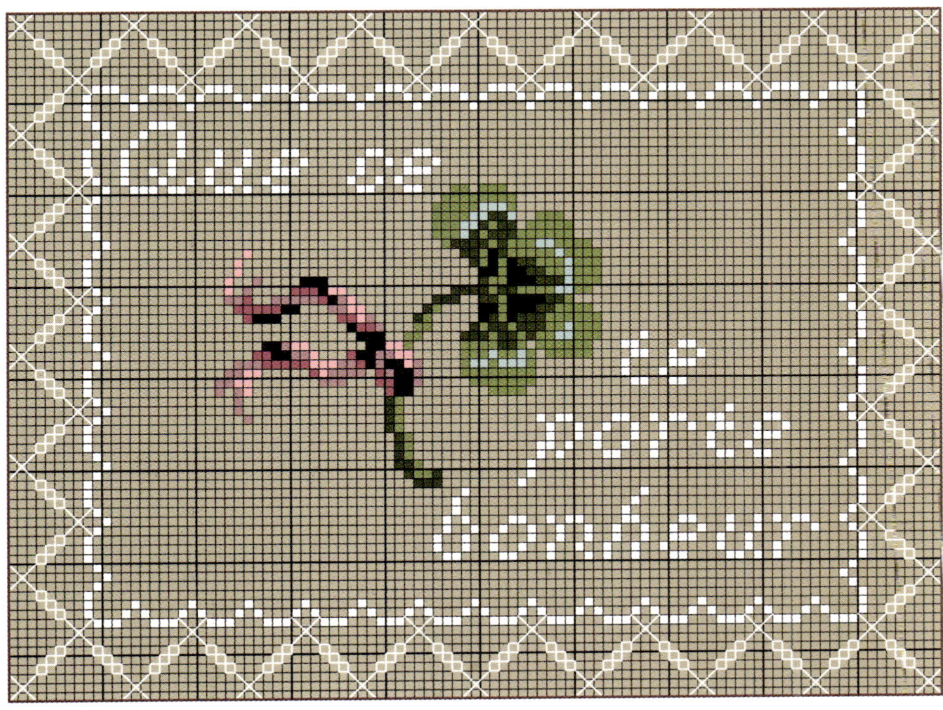

Amour toujours...

Ce projet a été brodé avec 2 fils sur 2 fils de trame (sauf les feuilles et « je t'adore » qui ont été brodés avec 1 fil sur 1 fil de trame), sur du lin blanc 11 fils/cm.

Les lettres sont extraites du premier abécédaire présenté page 62.

3733

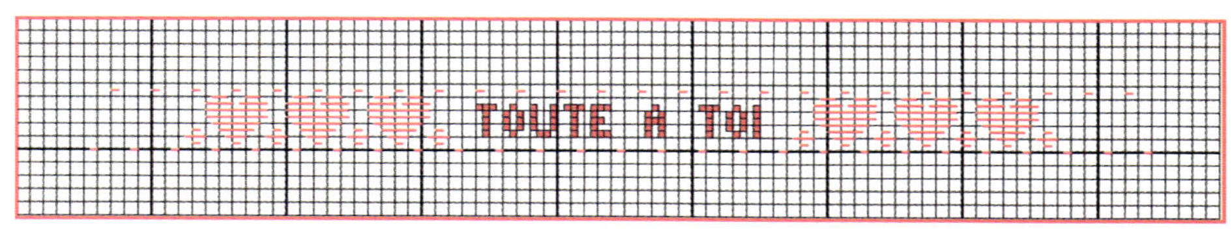

3733

Ce projet a été brodé avec 1 fil sur 1 fil de trame, sur un ruban en lin blanc 11 fils/cm de 1,6 cm de large.

Le point arrière a été brodé avec 1 fil sur différentes longueurs de points.

Les lettres sont extraites du dernier abécédaire présenté page 62.

Ce projet a été brodé avec 1 fil
sur 1 fil de trame, sur un ruban
en lin blanc 11 fils/cm
de 4,2 cm de large.

Le point arrière a été brodé
avec 1 fil.

Les lettres sont extraites de l'avant-
dernier abécédaire présenté page 62.

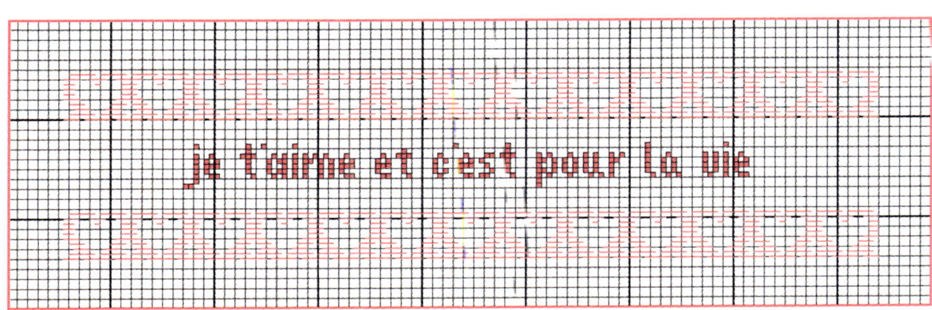

3733

Recto

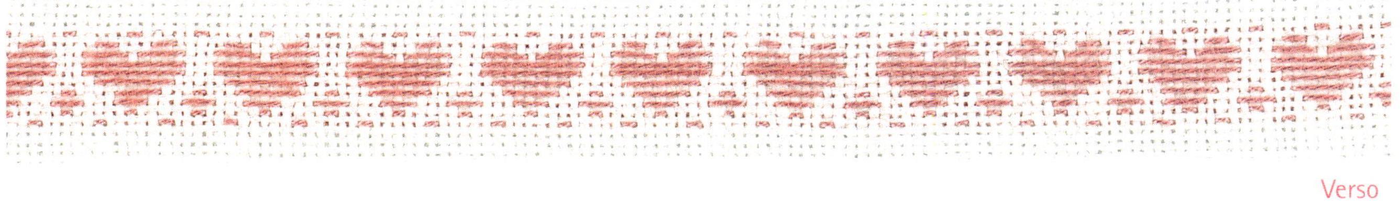

Verso

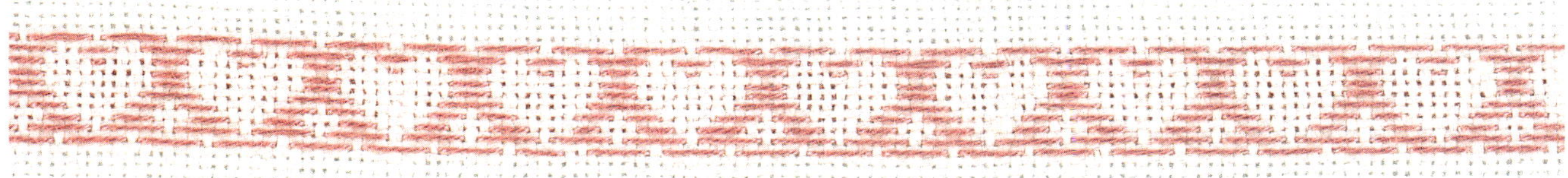

En s'amusant à broder les cœurs de
« Je t'aime et c'est pour la vie », on
constate qu'ils peuvent se lire
recto-verso. Sur l'envers de la toile
apparaissent alors les cœurs de
« Toute à toi ». Ces cœurs
« magiques » ont été brodés au point
arrière avec 1 fil, sur un ruban en
lin blanc 11 fils/cm de 1,6 cm de
large.

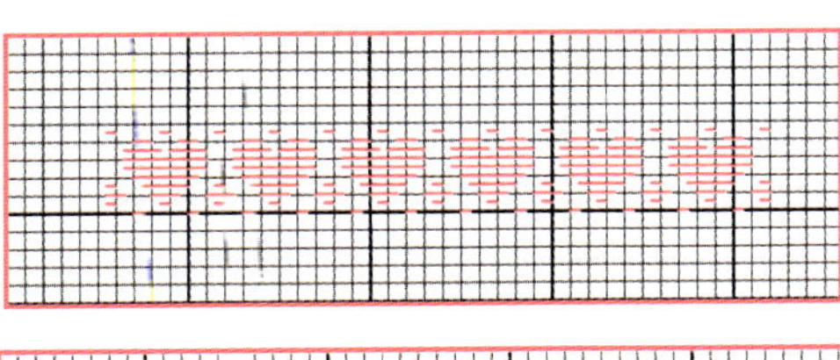

3733

Nos plus beaux jours

Personnalisez ce tableau en brodant les dates des grands moments de votre vie (rencontre amoureuse, fiançailles, mariage, naissance, baptême...) et le nom des personnes que vous aimez aux emplacements laissés vides sur la grille.

PLUS BEAUX JOURS
FAMILLE
BONHEUR
AMOUR

Nos plus beaux jours

Ce projet a été brodé avec 2 fils sur 2 fils de trame (sauf les dates, « amitié », « famille », « bonheur », et « amour » qui ont été brodés avec 1 fil sur 1 fil de trame), sur du lin naturel 11 fils/cm.

Les lettres et les chiffres sont extraits des deux premiers abécédaires présentés page 62.

blanc

US BEAUX JOURS
FAMILLE   BONHEUR   AMOUR

La maison du bonheur

Ce projet a été brodé avec 2 fils
sur 2 fils de trame, sur du lin
naturel 11 fils/cm.

Les lettres sont extraites du dernier
abécédaire présenté page 62.

3750

Ces projets ont été brodés avec
1 fil sur 1 fil de trame, sur un ruban
de lin naturel 11 fils/cm
de 1,6 cm de large.

Les lettres sont extraites du dernier
abécédaire présenté page 63.

 3750

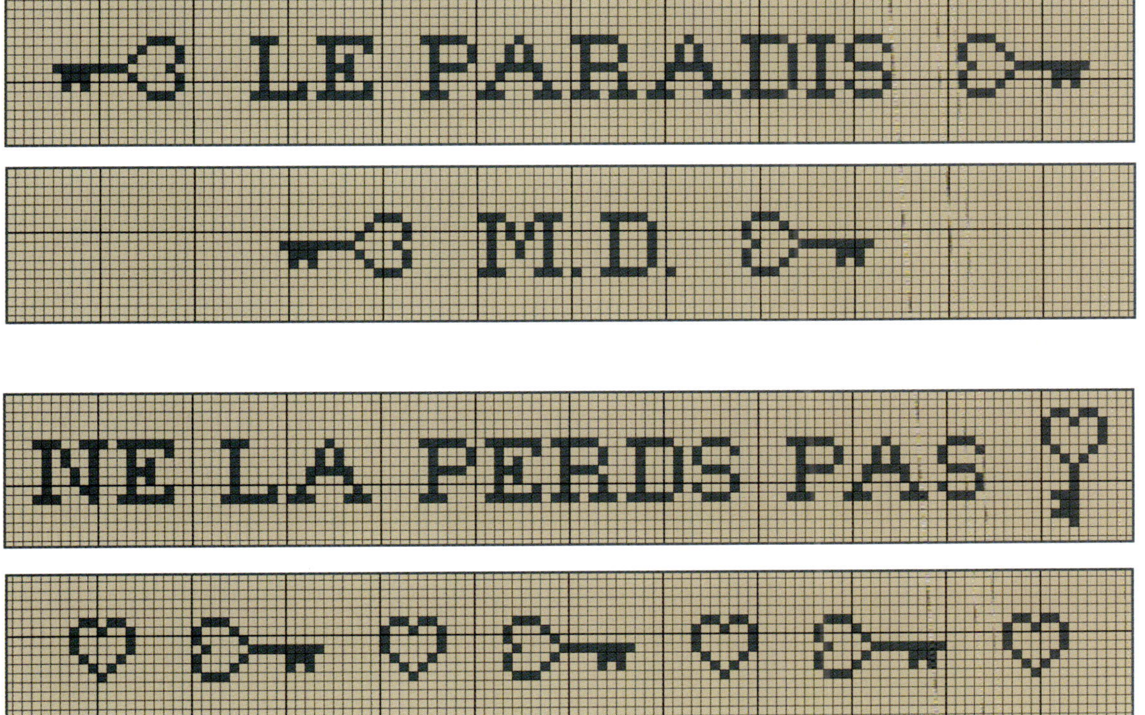

Mon cœur n'est plus à prendre

Ce projet a été brodé avec 2 fils sur 2 fils de trame (sauf le texte, qui a été brodé avec 1 fil sur 1 fil de trame), sur du lin naturel 11 fils/cm.

Les lettres sont extraites du dernier abécédaire présenté page 62.

N'oubliez pas de signer avec vos initiales ces deux messages d'amour.

3733	
309	
3834	
677	
3761	
3760	
471	
3346	

Ce projet a été brodé avec 2 fils
sur 2 fils de trame, sur du lin
naturel 11 fils/cm.

Les lettres sont extraites du dernier
abécédaire présenté page 62.

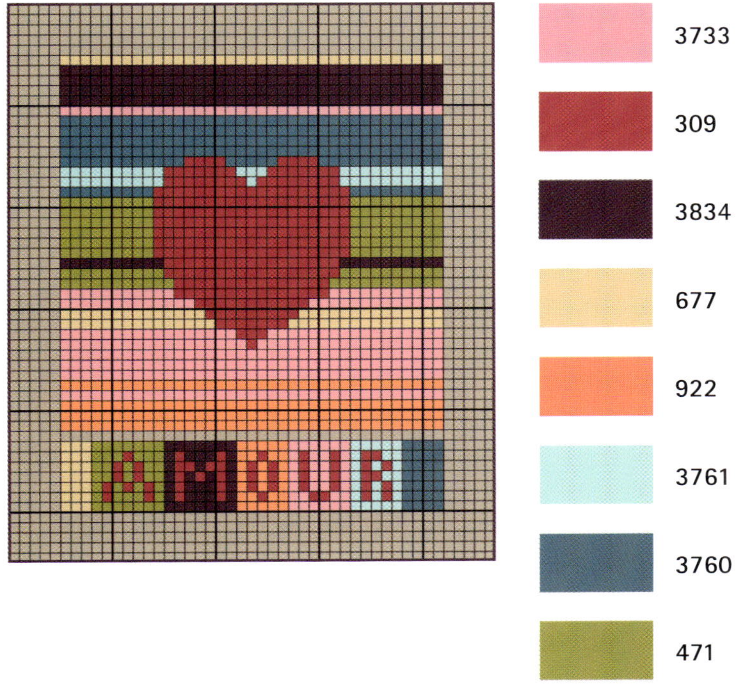

Couleur	DMC
	3733
	309
	3834
	677
	922
	3761
	3760
	471

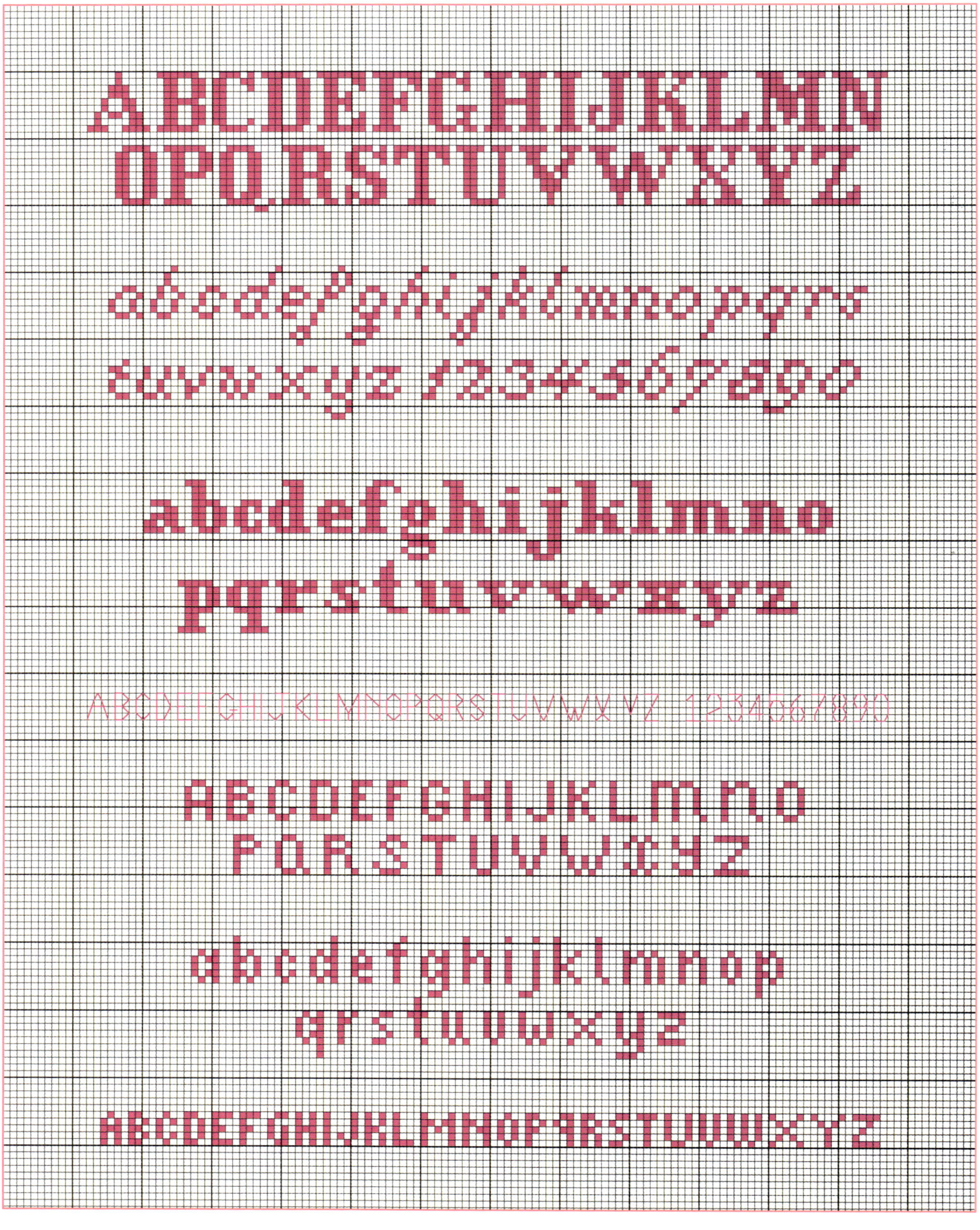

ABCDEFGHIJKLMN
OPQRSTUVWXYZ

abcdefghijklmnopqrs
tuvwxyz 1234567890

abcdefghijklmno
pqrstuvwxyz

ABCDEFGHIJKLMNOPQRSTUVWXYZ 1234567890

ABCDEFGHIJKLMNO
PQRSTUVWXYZ

abcdefghijklmnop
qrstuvwxyz

ABCDEFGHIJKLMNOPQRSTUVWXYZ

ABCDEFG
HIJKLMN
OPQRSTU
VWXYZ
abcdefghijklm
nopqrstuvwxyz
ABCDEFGHIJKLM
NOPQRSTUVWXYZ

Merci à Vincent, *« rots in de branding »*
Merci à Pascale, Virginie, Caroline et Frédéric